Ravensburger Hobbybücher

Eva Schnellenbach

Bunte Eier – selbst dekorieren

Otto Maier Verlag Ravensburg

Alle Motive in diesem Buch sind urheberrechtlich geschützt. Sie dürfen nur mit ausdrücklicher Genehmigung des Verlags nach Rücksprache mit den Urhebern gewerblich genutzt werden.
Leihgaben Seite 31, 32, 33, 35, 36, 37, 39: Brigitte Raab

Fotos: Barbara Bräuning,
Bernhard Lodge (Seite 21)
Umschlagfotos:
Dietmar Bicknese
Zeichnungen:
Graphisches Atelier
Printed in Germany
5 4 80
ISBN 3-473-45562-8

Inhalt

Auf ein Osterei zu schreiben

Dies Haus hat keine Ecken
ist was Gutes drin, laß es dir schmecken.
Steigt heraus ein Kikeriki
hast du Musik um vier in der Früh.

Josef Guggenmos

Das Ei als Glücksbringer

Schon seit Jahrtausenden hat die vollkommene Form des Eis den Menschen angeregt, es als Sinnbild für viele innere und äußere Vorgänge des Lebens zu sehen. „Daß es weiß werde wie ein Ei“, wünschen kroatische Frauen dem Neugeborenen und legen ihm ein Ei in die Wiege. Die Araber nennen ihre Frauen „die Eier des Gemachs“, was wohl heißt, daß man behutsam mit ihnen umgehen sollte. Die Eingeborenen auf Neuguinea haben das gleiche Wort für „Ei“ und „Familie“. Bis heute verschenkt man in China rote Eier, wenn ein Junge geboren wird.

Schon in vorchristlicher Zeit war das Ei eine Freundesgabe und auf den Frühlingsfesten aller Völker Sinnbild neuen Lebens.

Bemalte Eier wurden von Paten an ihre Patenkinder, von Liebhabern an ihre Geliebten verschenkt.

Junge Mädchen schenkten ihrem Schatz, je nach Grad ihrer Zuneigung, im Frühling eine bestimmte Anzahl Eier. In der Eifel waren zum Beispiel zwei Eier „eine Schand“, drei Eier „eine Erkenntlichkeit“, vier Eier „ein Staat“, fünf Eier brachten „eine Freiat“ und sechs Eier „eine Heirat“. In Schweden verehrten sich Liebesleute ausgeblasene, mit Blumen bemalte Eier, in denen lange, mit Wünschen, Versen und Liebesworten beschriebene Papierstreifen verborgen waren.

Die ältesten gefärbten Eier, die man in Gräbern fand, sind rot. Einfarbige rote Eier sind auf der ganzen Welt das Zeichen für Freude, Glück und Liebe. Bis weit über das Mittelalter war Rot die dominierende Farbe für das Osterei. In Griechenland heißt der Gründonnerstag „roter Donnerstag“, weil an diesem Tag die Eier für Ostern gefärbt werden.

In Persien heißt das Neujahrsfest, das im Frühling stattfindet, „Fest des roten Eis“.

Eier sollte man nicht nur zu Ostern verschenken. Liebe und Glück brauchen alle Menschen das ganze Jahr hindurch, und ein liebevoll verziertes Ei kann der Grundstock zu einem neuen Hobby, einer dekorativen und wertvollen Eiersammlung werden.

Das Präparieren der Eier

Kochen
Die nach den Vorschlägen aus diesem Buch liebevoll und geduldig verzierten Eier sind meistens zu schade, um im Eierbecher oder im Eiersalat zu enden. Wenn man also vorhat, sie auch im folgenden Jahr wieder als Tischschmuck zu verwenden oder wenn man sie verschenken will, sollte man sie mindestens eine halbe Stunde stark kochen lassen, bevor man ans Dekorieren geht. Eidotter und Eiweiß werden dann steinhart, und die Fäulnisbakterien haben fast keine Chance mehr. Obwohl es auch hier einige sehr widerstandsfähige Exemplare geben soll. Wer sein hübsch bunt gefärbtes Ei gleich verspeisen will, der kocht es wie gewohnt, aber statt in klarem Wasser gleich in der Farbbrühe.

Ausblasen
Ausgeblasene Eier lassen sich durch ihre Leichtigkeit viel phantasievoller verwenden als hartgekochte. Allerdings muß man bei der anschließenden Bearbeitung eine besonders leichte Hand haben.

In die Schale des rohen Eis bohrt man mit einer Schere oben und unten ein kleines Loch von etwa 2 bis 3 mm Durchmesser. Dann fährt man mit einem Zahnstocher oder einer Stricknadel ins Ei und rührt vorsichtig um. Jetzt kräftig blasen, und unten kommt das Rührei heraus. Mit zimmerwarmen Eiern geht es am besten, also daran denken und rechtzeitig aus dem Kühlschrank nehmen.

Feststellen
Wem es zu mühsam ist, das Ei beim Dekorieren ständig mit einem Lappen festzuhalten, sollte sich eine Methode überlegen, wie er es fest hinstellen kann.
Zum Beispiel: Eine Stricknadel durch das ausgeblasene Ei stekken und an beiden Seiten mit einem Klümpchen Wachs oder Plastilin befestigen. Entweder steckt man die Nadel in eine feste Unterlage, zum Beispiel in einen großen Korken, oder man legt sie über ein Gefäß.

Muster vorzeichnen
Sollen Ostereier ein geometrisches Muster bekommen, hilft man sich am besten mit einem kleinen Aufbau:
Wie die Zeichnung zeigt, werden die Eier auf einen Pappring gesetzt, dessen Einteilung in Längsrichtung auf das Ei übertragen werden kann. Die Querlinien entstehen, indem man den Bleistift auf verschieden hohe Unterlagen legt und das Ei vorsichtig am Bleistift vorbeidreht.

Eine weitere Möglichkeit, Eier in Muster einzuteilen, ist auf S. 23 beschrieben.

Reinigen
Hartgekochte Eier sind natürlich sauber und lassen sich gut färben. Ausgeblasene Eier muß man vor dem Verzieren reinigen, denn fette Stellen nehmen die Farbe nicht an. Essig, Scheuerpulver oder auch eine leichte Spülmittellösung sind die gebräuchlichsten Methoden, die Eier zu reinigen.

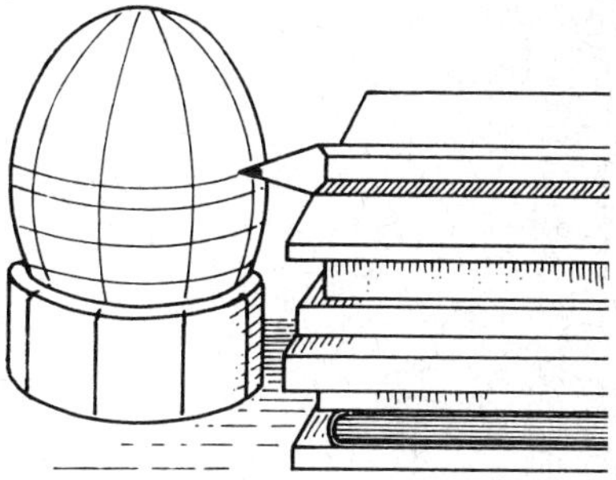

Färben

Hier stehen neben den traditionellen Naturfarben mit ihren ungewöhnlichen gebrochenen Farbnuancen die ganze leuchtende Farbpalette der chemischen Industrie zur Verfügung.
Mit Eierfarben, z. B. von der Firma Heitermann, die man um die Osterzeit herum in allen Geschäften kaufen kann, erhält man schöne, zarte Farbtöne. Leuchtendere Farben erreicht man mit Stoff- und Batikfarben, wie zum Beispiel die der Firma DEKA.

Färben mit Naturfarben
Zwiebelschalen: Eine Handvoll Zwiebelschalen in einem Liter Wasser gut durchkochen lassen und das Ei bis zum gewünschten Farbton in der Brühe kochen lassen. Man kann eine Farbskala vom blassen Gelb bis zum kräftigen Braunrot erreichen. Für die letzte Farbnuance muß man dem Sud einen Schuß Essig zusetzen. Kaffeesatz und schwarzer Tee ergeben Farbtöne von Maisgelb bis Braun. Roterübensaft und Rotkohl färben rot, Brennessel und Spinat grün. Jede Farbe wird noch intensiver, wenn man in das Wasser einen Schuß Essig gibt. Es lohnt sich, hier auch mal ein bißchen zu experimentieren.
Die gefärbten Eier werden nach dem Trocknen mit einem Tropfen Öl oder einer Speckschwarte abgerieben.

Bemalen

Bemalen kann man die Eier mit allen Farben, die man gerade zur Hand hat. Wie verschieden zum Beispiel eine Bemalung mit Ölfarbe ausfallen kann, zeigen die farbigen Eier auf Seite 11. Das Ei mit dem dekorativen Vogel stammt von der Schweizerin Hanni Sandmeier. Sie malte das Motiv mit Ölfarbe direkt aufs Ei. Auch die gleichmäßigen Kreise auf dem anderen Ei sind aus Ölfarbe. Um sie so sauber hinzukriegen, sollte man das Stativ benutzen, das auf Seite 9 beschrieben wird.

Natürlich ist auch jede andere Farbe geeignet, um die Eier farbenprächtig und phantasievoll zu schmücken:

Wacofin oder Deka-Ziermatt, Aquarellfarben, Plakafarbe, Filzschreiber, Wachsmalstifte (gibt hübsche Effekte auf noch warmen Eiern) oder Tusche.

Das linke Blumenei auf Seite 11 unten rechts ist mit Plakafarbe

Hier verehr' ich dir
ein bemaltes Ei
nimm's nur recht langsam,
sonst bricht's entzwei.

bemalt. Die Konturen des anderen Eis wurden mit einem spitzen Filzschreiber vorgezeichnet und mit Aquarellfarbe ausgemalt.
Auch das tiefsinnige Gesichtchen auf dem schwarz-weißen Ei besteht aus Plakafarbe. Alle Eier wurden zum Schutz hinterher mit farblosem Lack überzogen.
Bei hartgekochten Eiern sollte man das Ei während der Bemalung nicht direkt in die Hand nehmen. Schon geringste Fettspuren stoßen die Farbe ab. Ein weicher Lappen tut hier gute Dienste.
Der Phantasie sind beim Bemalen keine Grenzen gesetzt. Frei herausgemalt oder nach Vorlage gepinselt ist jedes nicht zu großformatige Motiv zu gebrauchen. Kopieren Sie das Muster Ihres Geschirrs, das Muster von Geschenkpapier, Tapeten oder Vorhangstoffen. Stempeln Sie: mit den Fingerspitzen, dem Kartoffelstempel, einem Stecknadelkopf oder einem Druckkasten. Malen Sie Filigranmuster mit Pinsel und Tusche. Sie können überall Anregungen für schöne Bemalungen finden. Durchforsten Sie auch Ihre Bastelbücher nach Ideen.

Damit die Farben auf dem bemalten Ei glänzen, die schützenden Wachsschichten über der Kerze schmelzen, das Ei dabei hin- und herdrehen und vorsichtig mit einem Papiertaschentuch abwischen.

Das bemalte Ei hält sich jahrelang, auch wenn sein Inhalt schon längst vertrocknet ist. Um ein Verbleichen der Farben zu vermeiden, sollten die bemalten Eier nicht dem direkten Sonnenlicht ausgesetzt werden.

Kratzen oder Ritzen

Bei dieser Technik muß man ziemlich hart mit den Eiern umgehen, deshalb sollte man das Ausblasen erst hinterher besorgen, sonst hat man nach stundenlanger mühsamer Arbeit plötzlich nur noch ein Eipuzzle in der Hand. Auch Eier aus Legefabriken eignen sich kaum, da sie eine viel zu dünne Schale haben. Am besten sind Landeier mit dicker, glatter Schale.

Die Eier werden zunächst kräftig gefärbt. Stoffarben, deren Farben auch dann nicht verwischen, wenn man sie länger in den Händen hält, sind am geeignetsten.

Als Werkzeug ist jeder harte, spitze Gegenstand zu gebrauchen, zum Beispiel Linolschnei-

Dieses zarte gekratzte Spinnennetz erfordert viel Geduld und eine ruhige Hand. Aber der Effekt lohnt die Mühe.

Die Veilchen in der zarten, sehr elegant wirkenden Kratztechnik wurden von der Eiergraviererin Rosa Heim entworfen.

Fast plastisch wirken die dicht ausgekratzten Flächen dieser Blumenkomposition.

Seite 15:
Besonders wirkungsvoll sind diese Eier aus der CSSR. Sie wurden vor dem Kratzen nicht gefärbt, sondern schwarz lackiert.

defedern, Messer, Dreikantfeilen, Spiralbohrer usw. Auch Nadeln und Nägel lassen sich verwenden, man muß sie nur „in den Griff" bekommen: die Nadel in ein Stück Kork bohren, den Nagel durch ein Stück Holz schlagen. In Mähren, wo diese Technik zu Hause ist, benutzt man einen Stahlstift, den man immer wieder auf Sandpapier spitzt.

Wie die Beispiele zeigen, kann man mit der Kratztechnik Temperament und Erfindungsgabe sehr gut zum Ausdruck bringen. Wenn man im freien Zeichnen noch nicht so geübt ist, sollte man sich allerdings das Muster erst vorzeichnen.

Ätzen

Wer gern faserig-zarte unscharfe Konturen mag, der sollte es mal mit dem Ätzen versuchen.
Wichtig für diese Technik ist vor allen Dingen, daß das Ei nicht zu kräftig vorgefärbt ist, denn sonst wird das Wegätzen der Farbe zu einer ziemlich mühsamen und langwierigen Arbeit.
Am schnellsten wirkt Salz- oder Salpetersäure, die man in einem Glasgefäß mit ⅓ Wasser verdünnt hat (man kann sie im Handel schon verdünnt kaufen). Wer den Geruch nicht mag oder wer mit Kindern arbeitet, sollte Zitronen- oder Essigsäure nehmen. Das dauert zwar etwas länger, ist aber gerade deshalb für Leute zu empfehlen, die nicht so geschickte Finger haben; die Konturen laufen nicht so schnell aus.
Will man eine besonders feine Zeichnung bekommen, muß mit einem möglichst spitzen Gegenstand gearbeitet werden, zum Beispiel mit einer Schreibfeder oder einem Zahnstocher.
Die Technik ist im Prinzip einfach: mit der in die Ätzflüssigkeit eingetauchten Feder werden die (möglichst schon vorgezeichneten) Konturen nachgezogen. Da aber die Säure die Eigenschaft

hat, in wenigen Sekunden in die Breite zu laufen, muß man bei dieser Arbeit einen saugfähigen Lappen zur Hand haben, mit dem man sehr fix die überschüssige Flüssigkeit wieder abtupfen kann. Es empfiehlt sich, das Ei beim Ätzen mit einer Serviette oder einem Lappen festzuhalten. Wer allerdings kreatives Krikelkrakel liebt, sollte sich nicht hetzen lassen. Schließlich läßt sich alles korrigieren. Ordentliche Leute legen das Ei noch mal in ein Farbbad und wiederholen dann die Prozedur. Wer etwas

legerer ist, malt einfach ein kleines Bild in die ungeplant ausgeätzte, weiße Fläche.
Die drei Eier auf S. 17 zeigen, wie verschiedenartig sich Eier ätzen lassen. Bei dem Ei mit der Sonne sieht man ganz deutlich, daß man auch bei der Nuancierung der Farben variieren kann. In den großen Zacken der Sonne wurde die Farbe ganz abgelöst, sie erscheinen weiß, während bei den schlangenförmigen noch ein zarter Farbton vorhanden ist.

Verschiedene Reservierungstechniken

Ich gebe dir ein Osterei
als kleines Angedenken
und wenn du es nicht haben willst
so kannst du es verschenken.

Volksgut

Aussparen mit Pflanzen
Mit dieser Reservierungstechnik lassen sich sehr reizvolle Effekte auf die Eier bringen, besonders mit Naturfarben.
Kleine Blumen, Gräser, Blättchen oder Kräuter werden ungetrocknet mit Speiseöl, Eiweiß oder verdünntem Kunstharzleim angefeuchtet und vorsichtig auf die gut gereinigten Eier gelegt. Die Pflänzchen müssen möglichst fest an die Oberfläche gepreßt werden, damit keine Farbe durchdringt.
Mit einem schmiegsamen Stück Nylon, Perlon, Tüll oder Mull wird nun das Ei umspannt und gut abgebunden, wie auf der Abbildung Seite 19 zu sehen ist.
Wie immer, wenn man mit Naturmaterialien arbeitet, eignen sich auch zum Färben Naturfarben sehr gut. Die umwickelten Eier werden nun so lange in einem Sud aus Zwiebelschalen oder Kaffeesatz gekocht (natürlich kann man auch Eier- oder Stofffarben nehmen), bis der gewünschte Farbton erreicht ist.

Durch das Auflegen von Gräsern und das anschließende Färben werden besonders zarte verwischte Muster erreicht.

Dann wird Gewebe und Pflanze vorsichtig entfernt und das Ei zum Trocknen auf einen weichen Lappen gelegt.
Ähnlich kann man auch Schablonen aus Papier oder Klebefolie auf das Ei kleben und nach dem Färben wieder abziehen. Je kleiner und zierlicher das Muster, desto hübscher sieht hinterher das Ei aus.

Batik

Aussparen mit Wachs

Wachs-Reservierungstechniken sind in der Volkskunst sehr beliebt.
Man braucht dazu: ein Spezialgemisch aus Bienenwachs und Paraffin, das im Handel erhältlich ist. Man kann es auch selber mischen, dann muß man aber mehrere Proben machen, ehe es die richtige Arbeitskonsistenz hat.
Als „Malgerät" dient entweder ein Stecknadelkopf, den man auf

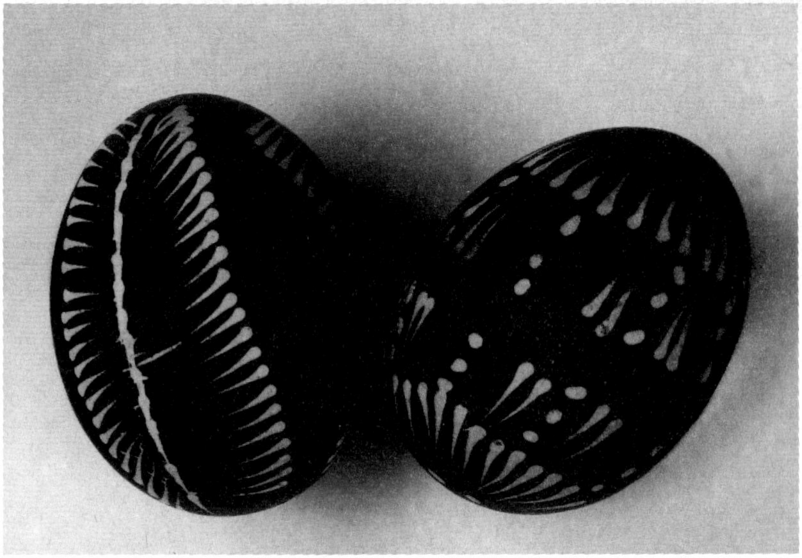

ein Hölzchen oder einen Bleistift gesteckt hat, eine Hühnerfeder, deren Spitze zurechtgeschnitten wurde, oder eine Stahlfeder.
Das Wachs erhitzt man über einer Flamme in einem kleinen Becher, im Wasserbad oder einem alten Eßlöffel. Die Stecknadel wird in das heiße Wachs eingetaucht und schnell auf das Ei aufgesetzt. Ein Wachspunkt entsteht, der durch einfaches Ausziehen zum Tropfen wird. Die Abbildung oben zeigt ein Ei aus Jugoslawien, auf dem man ganz deutlich sieht, wie der mit dem Stecknadelkopf aufgetragene Wachstropfen dünn ausgezogen wurde.

Taucht man statt der Stecknadel den Federkiel ins heiße Wachs und drückt ihn auf das Ei, so entstehen stempelartige Muster.
Nach dem „Bewachsen" wird das Ei in eine lauwarme Farblösung eingelegt. Nicht zu heiß, sonst schmilzt das Wachs. Hat es den gewünschten Farbton erreicht, legt man es zum Trocknen auf einen weichen Lappen. Nach dem Trocknen wird das Wachs abgeschmolzen. Man hält das Ei über eine Gas- oder Spiritusflamme — Kerzen rußen leicht — und reibt mit einem Lappen das Wachs ab.

Mehrfarbige Batik
Diese Kunst beherrscht man meisterhaft in der Ukraine, wo man für diese Technik einen besonderen Wachsgriffel benutzt. Aber es geht auch mit einer Stahlfeder oder einem „Batik-Tjanting".

Zuerst zeichnet man alles, was später weiß erscheinen soll, und taucht das Ei in ein gelbes Farbbad. Auf das trockene Ei zeichnet man wieder mit Wachs und färbt es rot. Wieder deckt man mit Wachs ab und färbt schwarz. Die-

Beispiel: Wie ein Ei in der Ukraine gebatikt wird.

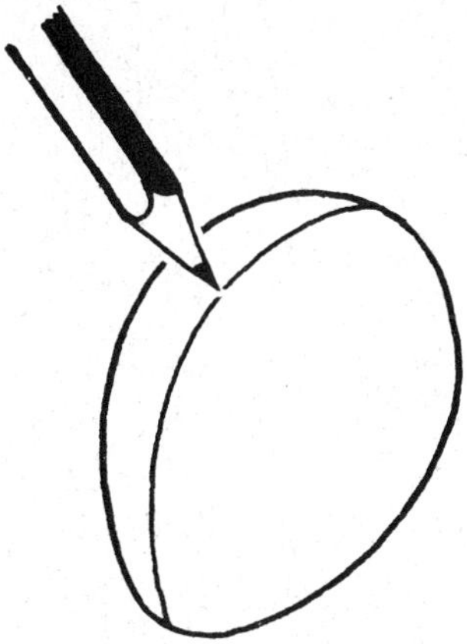

Den Bleistift mit einer Hand festhalten und das Ei mit der anderen Hand drehen, so daß der Länge nach rundherum eine feine Bleistiftlinie entsteht.

Wieder an der Spitze des Eis beginnen und im rechten Winkel zur ersten Linie eine zweite ziehen. Das Ei ist jetzt in Viertel aufgeteilt.

Jetzt eine dritte horizontale Linie in der Mitte des Eis ziehen.

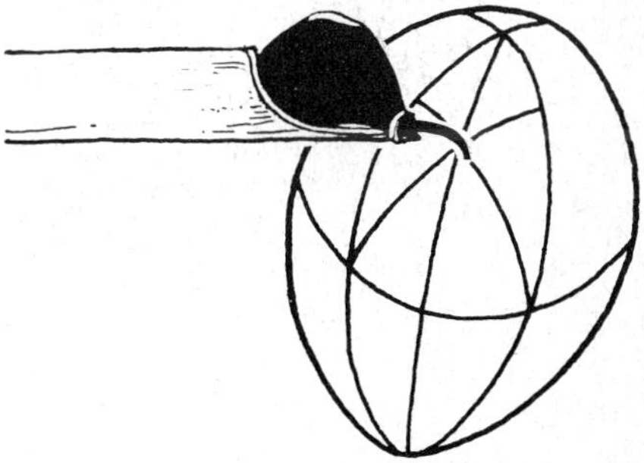

Mit dem Tjanting neue Linien zeichnen, dabei die einzelnen Flächen erst halbieren, dann in sechs Dreiecke teilen. Das Ei auf einen Löffel legen und in gelbe Farbe tauchen. Trockentupfen.

In jedes zweite Dreieck mit dem Tjanting kleine Kreise malen. Die gewachsten Kreise bleiben gelb, wenn das Ei nun in orange Farbe getaucht wird.

Nach dem Trockentupfen einen Wachspunkt in jeden Kreis setzen. In die rote Farbe tauchen.

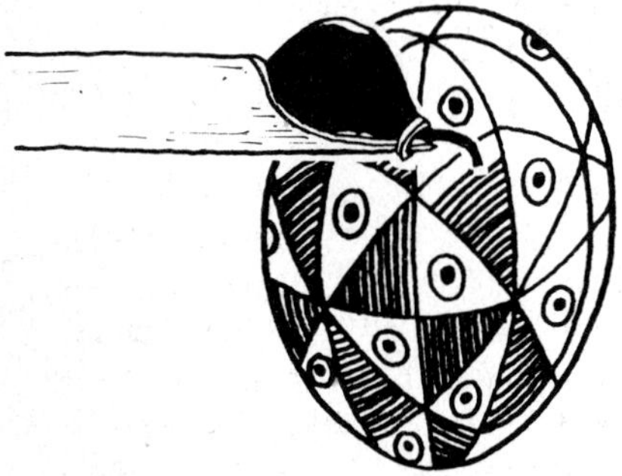

Danach feine Diagonallinien in die freien Dreiecke zeichnen und anschließend in schwarze Farbe tauchen.

Nachdem alle Wachsschichten vorsichtig abgeschmolzen wurden, ist das dreifarbige Batikei nach ukrainischer Art fertig.

ser traditionelle Farbvorschlag zeigt deutlich, daß man mit der hellsten Farbe anfängt und immer dunkler wird.
Weitere Farbvorschläge stehen auf Seite 26.
Auf der Seite 22 und der Abbildung rechts sind mehrfarbige Batiken zu sehen. Die ganz hellen Formen wurden ganz am Anfang abgedeckt.

Batik mit dem Tjanting
In den letzten Jahren ist eine spezielle Batiktechnik aus Java auch in Deutschland populär geworden, zu der man ein bestimmtes Werkzeug braucht: den Tjanting, ein Kännchen mit einem Ausflußröhrchen, in dem Bienenwachs und Paraffin geschmolzen wird. Den Tjanting und auch das Wachsgemisch kann man in Hobby- und Künstlerbedarfsgeschäften oder in Spezialabteilungen der Kaufhäuser bekommen.
Man erhitzt das Wachs auf einem Spiritusbrenner, den man sich auch selber anfertigen kann:
In ein Glas mit Metallschraubdeckel drückt man mit einem Dosenöffner ein Loch durch die Mitte des Deckels. Durch diese Öffnung steckt man einen dicken runden Kerzendocht (ca. 1 cm stark), der bis zum Boden des Glases reicht. Dann füllt man Brennspiritus ins Glas und schließt den Deckel. Darauf achten, daß das Glas auf einer sicheren Arbeitsfläche steht: Brennspiritus ist extrem feuergefährlich!
Jetzt erhitzt man das Wachs im Tjanting über der Flamme und zeichnet mit dem Röhrchen ähn-

liche Muster und Ornamente aufs Ei, wie vorher mit Stecknadel oder Feder.
Zum Durchputzen des Tjanting-röhrchens braucht man ein Pferdehaar (aus einem alten Roßhaarbesen oder dem nächsten Pferdestall). Bitte nicht dem Pferd das Haar auf der Weide auszupfen, es rächt sich vielleicht. Man läßt das Wachs schmelzen und schiebt das Pferdehaar von außen her durch das Röhrchen, bis kein Widerstand mehr zu spüren ist. Verbiegt sich das Haar dabei oder schmilzt, dann war das Pferd synthetisch.
Wem die Tjanting-Eier auf S. 22 mit ihren gleichmäßigen Linien gefallen, der sollte es mal mit dieser neuartigen Technik versuchen. Im Ravensburger Hobbybuch von Marianne Seitz „Batik mit dem Tjanting" erfährt man, daß man damit nicht nur Ostereier verzieren kann. Ebenso wie bei den anderen Wachsreservierungen wird auch hier das Wachs erst nach dem letzten Färbebad entfernt.

Zweifarben-Batik
gelb = gelb + brillantblau = grün
gelb = gelb + rubinrot = orange
rubinrot = rubinrot + kornblumenblau = violett
scharlachrot = scharlachrot + brillantblau = braun
kornblumenblau = kornblumenblau + gelb = grün

Dreifarben-Batik
gelb = gelb + blau = grün + rot = braun
gelb = gelb + rot = orange + blau = braun
rot = rot + blau = violett + gelb = grau
blau = blau + gelb = grün + rot = braun
blau = blau + rot = violett + blau = blauviolett

Bekleben der Eier

Ein fauler Kopf ein faules Ei,
zwei Dinge und doch einerlei.

Ebenso wie Weihnachtskugeln kann man auch Ostereier mit allem bekleben, was gerade zur Hand ist: mit Bändern, Borten, Litzen, Stoff, Spitzen, Papier, Konfetti, Pailletten, Folie, Wolle, Binsenmark, Gräsern, Liebesperlen, Stanniolpapier und noch vielem mehr. Wer die Begabung dazu hat, kann aus winzigen Stofffetzen oder auch aus Papier ganze Collagen auf das Ei praktizieren. Nur sollte man sich bei dieser Applikationstechnik vor Übertreibungen hüten. Wenige auf diese auffallende Art dekorierte Eier genügen.

Applikationen mit Konfetti, Folie und Pailletten

Ob gekauft oder aus dem Locher, Konfetti eignet sich sehr gut, um Eier entweder kunterbunt oder mit Ornamenten zu verzieren.

Fürs kunterbunte Muster bestreicht man immer etwa 2 qcm des Eis mit Klebstoff und rollt es dann in den Papier- oder Foliestückchen. Ornamente muß man mit der Pinzette legen. Am besten zeichnet man sich die Aufteilung vorher auf, siehe Seite 9. Für das Paillettenei sollte man möglichst kleine Pailletten nehmen. Wenn man sie wie Dachziegel verlegt (links) entsteht eine geschlossene Oberfläche. Färbt man die Eier vorher in einer Kontrastfarbe, schimmert sie durch die Paillettenlöcher.

Applikation mit Spitze

Wie raffiniert einfach und schön eine Applikation sein kann, zeigen die drei auf Seite 28 gezeigten Eier mit den sparsamen, aus Spitzenstoff ausgeschnittenen Motiven. Alle Teilchen werden leicht mit Pattex bestrichen und mit einer Pinzette auf das Ei gedrückt. Wer oft Ärger mit Klebstoffäden hat, sollte vor Beginn der Arbeit kleine Klebstoffportionen auf ein Papier drücken und die Fetzchen nur leicht darin eintauchen, oder gleich einen Pritt-Klebestift nehmen.

Applikationen mit Zuckerguß

Für den Guß rührt man 250 g Puderzucker mit 4 Eßlöffel kaltem Wasser und 2 Teelöffel Zitronensaft glatt. Falls in Ihrer Familie ein anderes Rezept üblich ist, nehmen Sie es ruhig.

Die Masse wird in eine Spritze mit einer ganz kleinen Öffnung oder in einen Plastikbeutel gefüllt, in den man ein winziges Loch hineingepiekst hat. Dieses Ei sollte man beim Dekorieren möglichst nicht anfassen, sonst bleibt man beim Fingerablecken.

Wer sich traut, kann die Eier noch, wie auf dem Bild, mit Glanzpapier, Bonbons, Liebesperlen, Salmiakpastillen, Schokoladenstreusel und Albumbildchen verzieren. Nur: Bloß nicht anfassen. Diese prächtigen Eier nach „Jahrmarktsart" sind höchst empfindlich.

Applikationen aus Binsenmark und Wolle

Schon im frühen Sommer muß man die niedrigen Waldbinsen sammeln, aus denen das Mark gewonnen wird, mit dem man in Polen, aber auch im Schwarzwald und im Odenwald die Eier schmückt. Am sichersten findet man sie auf sumpfigen Wiesen und an Ufern. Zum Ausschälen

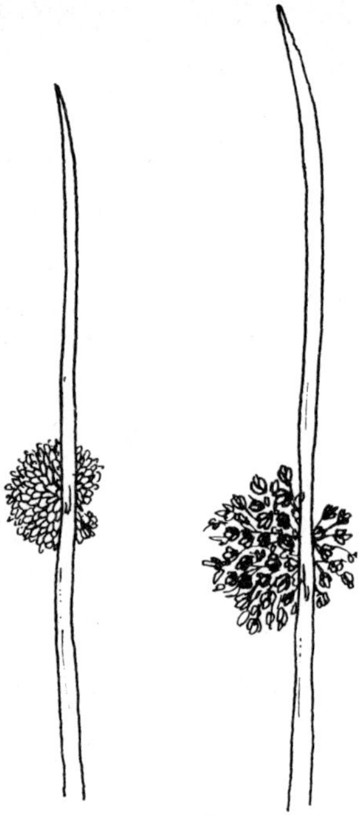

Binsen können bis zu 60 cm hoch werden und wachsen auf sumpfigen Wiesen und an Ufern.

des Binsenmarks nimmt man zwei Stecknadeln und sticht sie dicht übereinander gekreuzt mitten durch den Binsenhalm. Mit einer Hand hält man die Binse, mit der anderen schiebt man die beiden Nadeln so lange behutsam nach oben, bis die Haut der Binse platzt und das Mark herausquillt.
Es ist ganz weich und schaumig und läßt sich gut zu Schlangenlinien und runden Ornamenten legen. Man bestreicht das Ei stückchenweise mit Leim und legt, wie oben zu sehen ist, spiralförmige Muster um das Ei.

Sehr effektvoll sieht es aus, wenn man zwischen die weißen Markornamente bunte Wollfäden klebt, die sich zu ähnlichen Mustern legen lassen. Natürlich kann man das Ei auch ganz mit Wollfäden bekleben, wie auf dem Farbbild zu sehen ist. Wichtig ist nur, daß man die Wollfäden mit einer Nadel oder einem Zahnstocher schön aneinanderdrückt, damit kein Zwischenraum bleibt. Am besten nimmt man dazu Kunstharzleim, der glasklar trocknet. Denn bei dieser Arbeit geht es kaum ohne sichtbare Leimspuren ab.

Applizieren mit Seidenpapier

Eine fisselige Arbeit, aber wunderschön in der Wirkung ist das Arbeiten mit Seidenpapier. Aus mehreren Lagen Seidenpapier schneidet man mit einer sehr spitzen Schere, einer Rasierklinge oder einem scharfen Bastelmesser die vorher aufgezeichneten Ornamente aus. Auch hier sollte man das Ei vorher ausmessen, damit man die Ornamente gleichmäßig verteilen kann. Man kann sie nebeneinander auf das Ei bringen oder sie versetzt übereinanderkleben, so daß sich aus den verschiedenen Farben des dünnen Seidenpapiers raffinierte Farbschattierungen ergeben. Für das Aufkleben der empfindlichen Papiere bestreicht man das Ei mit dünnflüssigem Leim, Tapetenklei-

Diese Abbildung zeigt verschiedene Möglichkeiten, Eier mit Seidenpapier zu bekleben, vom relativ einfachen Faltschnitt bis zum komplizierten Ornament aus mehreren Lagen.

ster oder Puzzlekonserver, legt das Seidenpapier in die nasse Leimschicht und streicht es mit einem Lappen glatt. Keinen Klebstoff verwenden, er schlägt durch. Das Ei auf jeden Fall überlackieren.

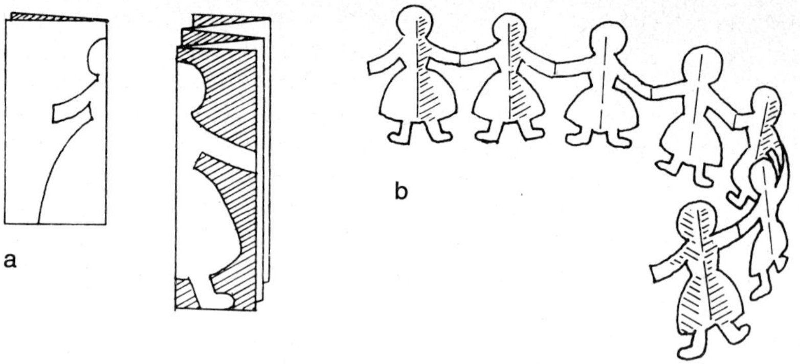

Reihenfiguren: Schneidet man aus gefaltetem Papier einen Teil aus, entsteht beim Aufklappen eine symmetrische Figur (a). Gebraucht werden Papier, Schere und Bleistift. Einen Papierstreifen wie eine Ziehharmonika falten, eine Figur aufzeichnen und ausschneiden. Achtgeben, daß die Glieder an den Bruchkanten (hier die Hände) nicht ausgeschnitten werden. Sie halten die Girlande (b) zusammen.

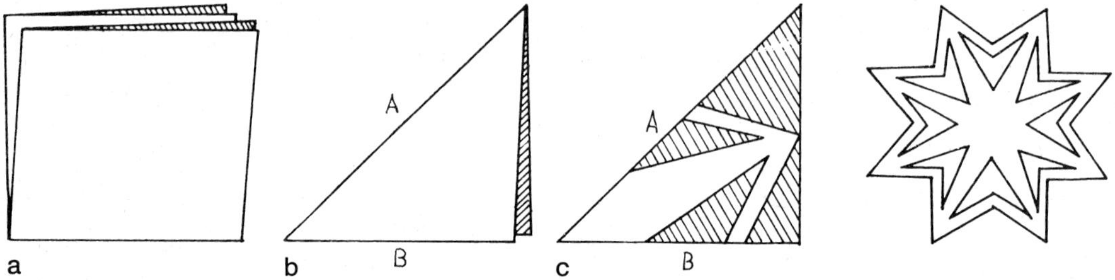

Faltschnitt: Er wird aus einem quadratischen Stück Papier ausgeschnitten. Auch normale Katalogblätter sehen gut aus. Blatt doppelt zusammenlegen (a) und dann zu einem Dreieck falten (b). Beim Aufzeichnen des Musters (c) beachten, daß die Kanten A und B nicht völlig durchgeschnitten werden, da der Faltschnitt sonst auseinanderfällt.

Applizieren mit Papier

Aus verschiedenen anderen Papieren lassen sich sehr hübsche Ornamente auf das weiße oder gefärbte Ei kleben. Anfänger beginnen mit gummierten Buntpapierblättchen, geübte Bastler versuchen es mit kunstvollen Scherenschnitten, die um so schwieriger sind, weil sie so klein sein müssen. Wichtig ist es, vorher mit einem Bindfaden den Umfang des Eis zu messen, so daß man die Größe der Papierornamente richtig berechnen kann.

Nicht schwierig, aber sehr effektvoll sind Faltschnitte. Man faltet ein schwarzes oder farbiges Papier, dessen Größe dem Umfang des Eis entspricht, ziehharmonikaförmig oder sternförmig zusammen, wie auf der Seite 34 zu sehen ist, und schneidet von der offenen Seite eine einfache Figur ein. Das Ei wird dünn mit Kunstharzleim bestrichen und der Faltschnitt sorgfältig aufgelegt.

Applikationen mit Stroh

Wer in der Nähe eines Weizenfeldes wohnt, tut sich leicht. Er kann sich rechtzeitig ein Bündel Strohhalme holen, um damit seine Eier zu schmücken. Wenn man in der Stadt lebt, ist die Fahndung nach dem letzten Paket Trinkhalmen aus „echtem" Stroh bedeutend schwerer. Am leichtesten findet man es in einschlägigen Hobbygeschäften.

Man schneidet das Stroh in nicht zu lange Stücke, die man in einem Sieb über kochendem Wasser dämpft. Die geschmeidig gewordenen Halme werden der Länge nach aufgeschnitten und auseinandergebogen. Die Innenseiten glättet man mit einem Messer und schabt sie so lange, bis sie sich ringeln und nur noch papierdünn sind. Wünscht man mehrfarbiges Stroh, so können die Halme in vorbereiteter Holzbeize gefärbt werden. Bügeln sollte man das Stroh nicht, es wird sonst spröde.

Nach dem Trocknen werden aus den Strohstreifen mit einem scharfen Messer kleinste Rhomben, Rechtecke und Quadrate oder andere kleine Formen geschnitten. Man sollte sich vorher unbedingt ein Muster auf das Ei zeichnen und die Stücke danach schneiden, sonst sieht bei dieser Technik das Ergebnis schnell schlampig aus. Die einzelnen Strohhalme nicht zu groß ausschneiden, sonst legen sie sich nicht an. Das geschnittene Stückchen Stroh wird mit der Pinzette auf die Fingerspitze gelegt, an der glatten Innenseite mit Klebstoff bestrichen und mit der Kuppe einer Stecknadel an das Ei gedrückt. Bei manchen Eiern kann man beim

genauen Hinsehen diese winzigen Druckpunkte noch erkennen. Die Technik der Strohapplikation ist sehr zeitraubend. Eine geübte Arbeiterin braucht für ein feines Muster oft bis zu acht Stunden. Also wagen Sie sich an diese Eier erst, wenn Ihnen alle anderen gelungen sind.
Ebenso bezaubernd in der Wirkung, aber zeitraubend, ist eine Dekoration des Eis aus winzigen Perlen, die man auch in geometrischen Mustern anordnet (Seite 39 rechts).

Aufkleben von Gräsern
Zierliche getrocknete Gräser aus dem Herbarium werden mit Pattex auf das ungefärbte braune oder weiße Ei geklebt.
Diese Technik wird besonders Leuten Spaß machen, die Sinn für natürliche Schönheit haben. Diese Eier müssen auf jeden Fall mit Klarlack überzogen werden, damit die Gräser nicht abblättern, siehe Abbildung links.

Dekoration aus Samen und Körnern

Um Eier auf diese hübsche und ungewöhnliche Art zu verzieren, muß man nicht auf dem Land wohnen. Für den Anfang gibt es schon im normalen Haushalt Körner und Samen genug: Reis, Graupen, Linsen, Kümmel, Senf- und Pfefferkörner, Vogelfutter usw. Sogar aus Tee- oder Majoranblättchen können zarte Muster entstehen.
Wem das nicht reicht, der findet im nächsten Reformhaus, im Samengeschäft oder in größeren Städten auf dem Markt, eine reiche Auswahl von Körnern und Samen in den verschiedensten Formen und Farben.
Besonders edel wirkt es, wenn man die naturfarbenen Samen auf ungefärbte oder mit Naturfarben gefärbte Eier klebt. Aber auch ein kräftig farbiger Untergrund kann sehr wirkungsvoll sein.
Bevor man mit der Arbeit beginnt, füllt man die vorhandenen Körner

in kleine Gefäße. Wer klug ist, beginnt mit einfachen großflächigen Mustern, die er sich dünn mit Bleistift vorzeichnet. Jedes Muster wird mit weißem Leim bestrichen und dann in die Körner gedrückt. Anschließend, solange der Leim noch weich ist, rollt man das Ei auf einer harten Unterlage vorsichtig hin und her, damit die Oberfläche schön gleichmäßig wird. Diese Methode sollte man allerdings nur bei hartgekochten Eiern anwenden. Es sei denn, man hat eine besonders leichte Hand.

Raffinierter und schwieriger ist die zweite Methode, Körner zu applizieren. Die einzelnen Samen werden mit einer Pinzette in den aufgetragenen Leim gedrückt. Welch verschiedenartige Muster bei dieser Technik entstehen können, zeigt die Abbildung Seite 37.
Bei der zweiten Methode kann man auch mit ausgeblasenen Eiern arbeiten, dabei muß das Ei feststehen.
Ganz gleich, welche Technik man anwendet, hinterher müssen die Eier unbedingt farblos lackiert werden, sonst hat man nach einiger Zeit das Hühnerfutter in der Hand und noch dazu ein kahles Ei.

Stieps stieps Osterei
Ich bitte um ein Kakelei,
gibst du mir kein Kakelei
hau ich dir dein Hemd entzwei.

Marmorieren

Sicher haben Sie schon einmal die schön marmorierten Vorsatzpapiere in alten Schulbüchern bewundert. Diese alte Technik war lange Zeit in Vergessenheit geraten, weil sie sehr schwierig zu handhaben war. Das ist vorbei. Mit Tapetenkleister und dünnflüssiger Tubenfarbe kann heute jeder marmorieren.

Man setzt den Kleister mit Wasser an, achtet aber darauf, daß er dünnflüssiger ist, als auf der Gebrauchsanweisung angegeben. Erfahrungsgemäß ist die richtige Mischung etwa ein gehäufter Eßlöffel Trockenkleister auf einen Liter Wasser. Er muß sahnig fließen und darf keine Luftblasen haben. Jetzt verdünnt man verschiedene Künstlerölfarben aus der Tube mit Terpentinöl und spritzt die Farbe mit einem Strohhalm tropfenweise auf den Kleister. Für Papiere nimmt man normalerweise ein relativ flaches Gefäß (Backblech).

Beim Marmorieren von Eiern muß sich das Ei ganz ins Gefäß eintauchen lassen. Wenn die Farbe auf dem Kleister leicht ausläuft, ist es richtig. Man verzieht sie mit

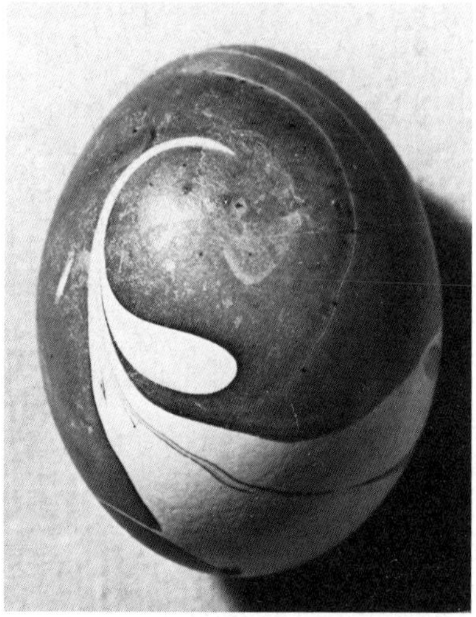

einem Stöckchen, einer Nadel oder einem Kamm zu marmorähnlichen Strukturen. Hartgekochte Eier läßt man einfach in den Kleister gleiten und holt sie mit einem Eßlöffel wieder heraus. Vorne haben die Eier dann das Marmormuster, und rundum bleiben die Farbreste in schönen Fiederungen hängen. Sofort unter fließendem Wasser – am besten einer Brause – den Kleister abwaschen.
Für ausgeblasene Eier kann man ein Haltegestell aus weichem Draht konstruieren, wie die Zeichnung zeigt, mit dem die Eier vorsichtig auf der Farbmasse gedreht werden.
Marmorieren kann man übrigens nicht nur Papier und Eier, sondern auch Stoff, T-Shirts, Gürtel und vieles andere mehr. In dem Ravensburger Hobbybuch „Marmorieren" stehen eine Menge interessanter Vorschläge.

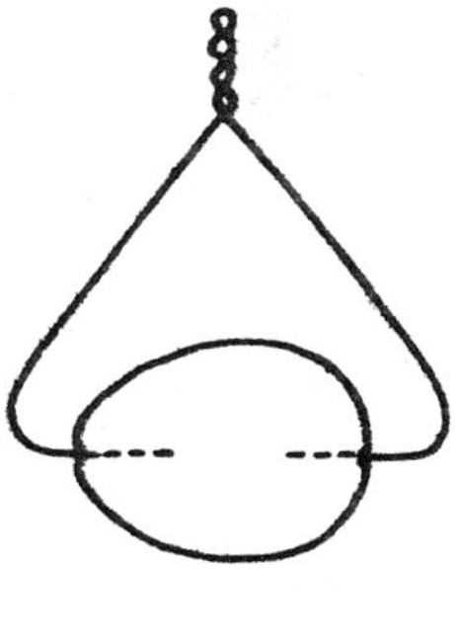

Marmoreier zum Essen

Frische Eier auf der stumpfen Seite anschlagen, ein wenig öffnen und durch vorsichtiges Schütteln völlig entleeren. Die Schalen gut ausspülen und trocknen. Dann abwechselnd erwärmte Schokolade, Marzipan-, Nougat-, Krokant- und Mandelstückchen, Würfel von Quittenpaste und Datteln, Zitronat und immer wieder erwärmte Schokolade einfüllen. Dabei schütteln, damit kein leerer Raum bleibt. Wenn die Eier voll und erkaltet sind, werden sie geschält. Meist sind sie außen schön glatt und haben ein marmorartiges Aussehen. Schön verpackt, am besten in selbstmarmoriertem Papier, sind sie ein sehr hübsches Geschenk.

Verwendungsmöglichkeiten

Ausgeblasene Eier werden an frische, junge Grünsträuße gehängt. Man kann auch eine große Zimmerpflanze zum Eierbaum machen.

Für den Pyramidenbaum stellt man einen festen Stab senkrecht in einen mit Sand gefüllten Blumentopf, drückt ihn gut an und befestigt dann, wie auf der Zeichnung zu sehen ist, mit Kreuzwicklung mehrere unterschiedlich lange Querstäbe daran. Die Hölzer werden mit Buchsbaum oder Tanne umwunden. Der Sand im Blumentopf erhält ein Moospolster.

Hübsch sind auch Eiermobiles oder -ketten.

Aufhängen und Befestigen

Um die Eier entsprechend anbringen zu können, teilt man ein Streichholz, wickelt einen Faden um die Mitte, bindet und klebt ihn fest. Das Holzstäbchen durch die obere Eiöffnung schieben und durchfallen lassen. Zieht man den Faden an, stellt sich das Hölzchen quer. Bänder oder Schnüre an einem Stück Blumendraht befestigen, durch das Ei ziehen. Nicht vergessen, unten eine Schleife zu binden, einen Knoten zu machen oder eine kleine Perle anzuknüpfen.

Man kann aber auch die ausgeblasenen Eier auf eine Schnur aufziehen und die einzelnen Eier mit einer Holzperle trennen. Ein buntes Band, in das man zwischen jedem Ei einen Knoten macht, ist eine dekorative Verbindung verschiedener Eier.

Sammeln und Aufbewahren

Wer einmal angefangen hat, Eier zu schmücken, den wird diese reizvolle Kleinkunst so schnell nicht mehr loslassen. Aber wohin mit den Schätzen, die so leicht zerbrechen, deren Verzierungen so empfindlich sind?

Soll die Sammlung nicht immer sichtbar sein, so verwahrt man die Eier am besten in Eierpaletten, gut verschnürt wie Weihnachtsschmuck. Wem aber in der Kunst des Eierdekorierens schon besonders schöne Stücke gelungen sind, der möchte sie auch zwischendurch einmal anschauen und vorzeigen.

Dazu präpariert man sich am besten eine Schublade, die man sich vom Schreiner oder auch selbst mit dünnen Brettchen maßgerecht unterteilt. Auch ein maßgerecht angefertigter „Setzkasten“, gefüllt mit verzierten Eiern, ist ungewöhnlicher Raumschmuck und Sammlung zugleich.

Hat man erst einmal Feuer gefangen, kann die Kunst des Eierdekorierens zu einer ebenso unterhaltsamen Freizeitbeschäftigung wie z. B. Briefmarkensammeln oder Hinterglasmalerei werden.

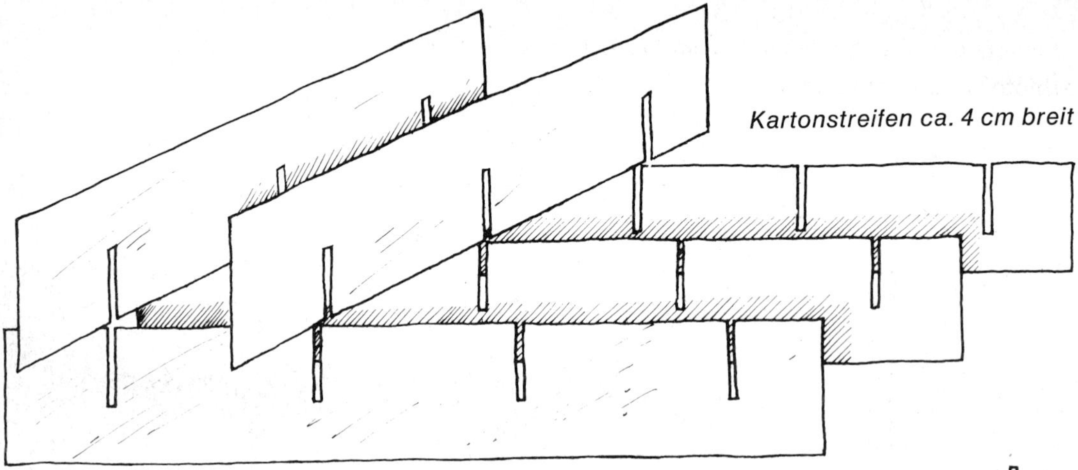
Kartonstreifen ca. 4 cm breit

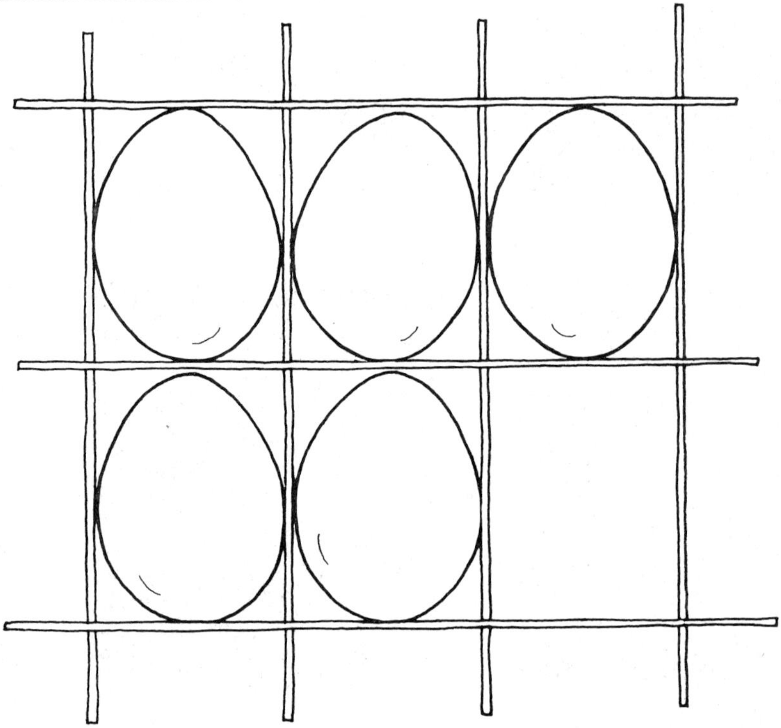

. . . ein Ravensburger Ideenbuch

Tips, Tricks, Anleitungen und Anregungen zum Selbermachen
Mit vielen Farbfotos und Zeichnungen

Ravensburger
hobby studio
Jutta Lammèr
Neue Emailarbeiten
Ravensburger

Ravensburger
hobby studio
Christel Claudius
Wachs
Ravensburger

Ravensburger
hobby studio
Wulf Müller-Pentz
Zinn-gießen und löten
Ravensburger

Ravensburger
hobby studio
Bonny Schmid-Burleson
Makramee-
Knüpfereien
Ravensburger

Ravensburger
hobby studio
Fride Wirtl
Hinterglasbilder - leicht zu malen
Ravensburger

Ravensburger
hobby studio
Jutta Lammèr
Häkeln - die neueste Masche
Ravensburger

Ravensburger
hobby studio
Marianne Seitz
Batik mit dem Tjanting
Ravensburger

Ravensburger
hobby studio
Günter Kretzschmar
Kerbschnitzen
Ravensburger

Ravensburger
hobby studio
Jutta Lammèr
Perlen, Perlen…
Ravensburger

Ravensburger
hobby
studio
Nenna von Merhart
Bauernmalerei - leicht zu lernen
Ravensburger

Ravensburger
hobby
studio
Christel Claudius
Bilder am Fenster
Ravensburger

Ravensburger
hobby
studio
Jutta Lammèr
Stoffdruck und Batik
Ravensburger

Ravensburger
hobby
studio
Walter Diem
Dekorative Dinge aus Gießharz
Ravensburger

Ravensburger
hobby
studio
Joachim Rangnick
Malen auf Weißblech
Ravensburger

Ravensburger
hobby
studio
B. Manuel
Neues aus Peddigrohr
Ravensburger

Ravensburger
hobby
studio
Jutta Lammèr
Freies Weben
Ravensburger

Ravensburger
hobby
studio
Isolde Schmitt-Menzel
Ton - geformt, bemalt, gebrannt
Ravensburger

Ravensburger
hobby
studio
Julie Landis-Sager
Salzteigfiguren
Ravensburger